BEI GRIN MACHT SICH IHR WISSEN BEZAHLT

- Wir veröffentlichen Ihre Hausarbeit, Bachelor- und Masterarbeit

- Ihr eigenes eBook und Buch - weltweit in allen wichtigen Shops

- Verdienen Sie an jedem Verkauf

Jetzt bei www.GRIN.com hochladen und kostenlos publizieren

Eugen Daser

Öffentlichkeitsarbeit im Sozialen Bereich: Beispiel einer Pressemitteilung und Gestaltung eines Handzettels (Flyers)

GRIN Verlag

Bibliografische Information der Deutschen Nationalbibliothek:

Die Deutsche Bibliothek verzeichnet diese Publikation in der Deutschen National-
bibliografie; detaillierte bibliografische Daten sind im Internet über http://dnb.d-
nb.de/ abrufbar.

Impressum:

Copyright © 2011 GRIN Verlag GmbH
Druck und Bindung: Books on Demand GmbH, Norderstedt Germany
ISBN: 978-3-656-35318-8

Dieses Buch bei GRIN:

http://www.grin.com/de/e-book/206969/oeffentlichkeitsarbeit-im-sozialen-bereich-
beispiel-einer-pressemitteilung

GRIN - Your knowledge has value

Der GRIN Verlag publiziert seit 1998 wissenschaftliche Arbeiten von Studenten, Hochschullehrern und anderen Akademikern als eBook und gedrucktes Buch. Die Verlagswebsite www.grin.com ist die ideale Plattform zur Veröffentlichung von Hausarbeiten, Abschlussarbeiten, wissenschaftlichen Aufsätzen, Dissertationen und Fachbüchern.

Besuchen Sie uns im Internet:

http://www.grin.com/

http://www.facebook.com/grincom

http://www.twitter.com/grin_com

Hochschule Regensburg

Fakultät Angewandte Sozialwissenschaften

Seminararbeit Öffentlichkeitsarbeit

PROJEKT HANDZETTEL

Eugen Daser

Sommersemester 2011

Lehrveranstaltung: Öffentlichkeitsarbeit

Inhaltsverzeichnis

1. Projektbeschreibung

Die nachfolgende Arbeit habe ich selbständig entworfen und erstellt, dabei sind zitierte Stellen markiert und im Literaturverzeichnis nochmals aufgeführt.

Ich habe mich dazu entschieden, eine Presseankündigung zu verfassen, sowie einen Handzettel für diese Projektarbeit zu entwerfen.

Dafür habe ich einen fiktiven Verein mit einer Feier zum 25jährigen Bestehen gewählt.

Der Verein hat es sich zur Aufgabe gemacht, psychisch kranke Erwachsene zu unterstützen sie nach z.B. einer langen Zeit des Klinikaufenthaltes wieder in das soziale/gesellschaftliche Umfeld zu integrieren.

Es wird nun zu einem Festtag mit Gastvorträgen, Informationsgelegenheit, Tombola und abendlichem Unterhaltsprogramm geladen.

Damit sollen einerseits die Fachleute aus der Region angesprochen werden, um die Einrichtung wieder vermehrt" in Erinnerung" zu bringen.

Daher ist ein regulärer Arbeitstag als Veranstaltungstag gewählt worden.

Zwei Gastdozenten sollen die Bedeutung des Themas für die Gesellschaft untermauern. Zum einen spricht am Vormittag der Bundestagsabgeordnete Prof. Dr. Wahnbereit, am Nachmittag wird Frau Dipl. Psychologin Für alle neue Ansätze und Projekte vorstellen.

Um andererseits die Einrichtung aber auch für die „breite Öffentlichkeit" zugänglich zu machen und bestehende Berührungsängste abzubauen, wurde ein abendliches Kabarett- und Musikprogramm mit bekannten Künstlern der Region zusammen gestellt.

Der Eintritt wurde bewusst niedrig gehalten, die Künstler treten ohne Gage auf.

Um einer eventuellen Spendenbereitschaft trotzdem gerecht zu werden, wird den ganzen Tag über eine Tombola veranstaltet.

Als Ansprechpartner für eine Pressemitteilung habe ich die lokale Tagespresse gewählt.

Darüber hinaus wurde eine Information über die Veranstaltung an das lokale Radio gegeben.

Poster würden vor allem hinsichtlich des abendlichen Unterhaltungsprogramms gestaltet werden, wohingegen die Handzettel einen informativen Charakter v.a. für die Fachleute haben sollen.

2. Anschreiben an die Presse (per Email)

Betreff: 25jähriges Jubiläum – Daser - Pressemitteilung

UnbekannterOrt, den 30.05.2222

Sehr geehrter Herr Meier,

anbei erlaube ich mir, Ihnen eine Pdf-datei über eine Veranstaltung am 25.06.2222 in unserem Hause, zu der wir den Bundestagsabgeordneten und Sozialmediziner Prof. Dr. Wahnbereit, wie auch Dipl.-Psychologin Annette Füralle, eingeladen haben, zu schicken.

Wir würden uns freuen, wenn Sie über diese Veranstaltung berichten würden.

Vielen Dank und Schöne Grüße

Eugen Daser

Regionalleiter Süd (Organisator/Ansprechpartner der Veranstaltung)

„Neues Leben" e.V.

Neuestrasse 1, 22222 UnbekannterOrt

Email: ändern@jawohl.de

Durchwahl: 0000 – 00000 - 00

3. Pressemitteilung

25 Jahre „Neues Leben" e.V.

UnbekannterOrt, den 30.05.2222

Der Verein „Neues Leben e.V." für psychisch kranke Erwachsene, feiert am Donnerstag, den 25.06.2222 ab 10.00 Uhr, in den neuen Therapieräumen in der Wahnstrasse in der Paranoiastadt, sein 25 jähriges Bestehen.

Zum Festprogramm gehören Fachvorträge, die Dokumentation der Einrichtung in der Fernsehsendung 37 Grad, Diskussionen und ein abendliches Rahmenprogramm.

Als Gastdozenten konnten der Bundestagsabgeordnete Prof. Dr. Wahnbereit und Frau Dipl. Psychologin Füralle gewonnen werden, die mit interessanten Vorträgen sowie einer anschließenden Podiumsdiskussion den Festtag bereichern werden.

Alle Interessierten sind hierzu herzlich eingeladen.

Auch am Abend öffnet „Neues Leben e.V." mit einem Kabarett- und Musikprogramm die Türen für die Bevölkerung.

Karten gibt es unter 0000-0000 oder direkt an der Abendkasse.

„Neues Leben" e.V.
Eugen Daser
Regionalleiter Süd (Organisator/Ansprechpartner der Veranstaltung)
Neuestrasse 1, 22222 UnbekannterOrt
Email: ändern@jawohl.de
Durchwahl: 0000 – 00000 - 00

4. Zur Gestaltung eines Handzettels

Wofür sind Handzettel zu empfehlen? Häufig entstehen Flyer im Rahmen einer Kampagne, so können, was den Non-Profit –Bereich mit all seinen sozialen Einrichtungen betrifft, Handzettel (Flyer) auch in eine Maßnahmenkette mit eingebunden werden.

Zu empfehlen sind Handzettel für folgende Einsätze:

- ✓ Kleine soziale Einrichtungen können sich als Ganzes vorstellen
- ✓ Es lassen sich auch Teilbereiche einer großen Einrichtung herausstellen
- ✓ Eine Aktion kann angekündigt werden
- ✓ Dienstleistungen können beworben werden
- ✓ Eine Veranstaltung kann angekündigt werden
- ✓ Auf Neuerungen kann hingewiesen werden

„Als Stärken eines Flyers sind sicherlich zu sehen, dass sie eine Dienstleistung oder ein Thema schnell auf den Punkt bringen können. Dabei sind Sie schnell zu produzieren, preiswert und lassen sich mit einem guten Layout hochwertig präsentieren" (vgl. Weinberger. 2007. S. 13).

Dabei liegen die Vorteile für den Absender mitunter darin, dass Handzettel einfach und schnell mit der Post zu verschicken sind, aber ebenso auch noch schneller über den Email-Verteiler.

Darüber hinaus sind sie bei vielen Gelegenheiten auszulegen, und können dadurch ohne große Streuverluste an die Leser gebracht werden.

So erhält der Empfänger schnell und einfach zu verstehende Informationen, die er auch mit nach Hause nehmen kann. Eine schnelle Kontaktaufnahme wird dadurch ermöglicht.

5. Handzettel

Nachfolgend wird exemplarisch ein Handzettel (Flyer) dargestellt.

 **25 JAHRE**

VEREIN NEUES LEBEN

Donnerstag, den 20.06.2222

Beginn: 10.00 Uhr

Therapiezentrum
Wahnstrasse 1, 11111 Paranoiastadt
www.pseudonym.de

Mit den Gastdozenten:
11.00 Uhr: Prof. Dr. Wahnbereit (Bundestagsabgeordneter)
14.00 Uhr: Dipl. Psychologin Anette Füralle
19.00 Uhr: Abendliches Rahmenprogramm

Tombola zu Gunsten der betreuten Menschen

⌈V.i.s.d.P.: Neues Leben e.V., Regionalstelle Süd, Neuestrasse 1, 22222 UnbekannterOrt⌉

6. Bildanlagen

Als Bildanlagen würde ich der Pressemitteilung, fünf Bilder zur freien Auswahl mitschicken, alle mindestens mit einer Auflösung von 300 dpi, und einer Breite von zehn Zentimetern.

Bild 1: ein neutrales und freundliches Foto des Geschäftsführers

Bild 2: ein heiteres (nicht albernes) Foto des gesamten Teams

Bild 3: eines aktiven Klienten Foto (mit Beilage der Einverständniserklärung)

Bild 4: ein Gründungsfoto

Bild 5: ein aktuelles Foto des Gebäudes

Literaturverzeichnis

Weinberger, A. (2007): Flyer. Stiebner – Verlag.

http://www.testimonymusic.de/telescopewordpress/wordpress/wpcontent/uploads/2008/08/schreiben-comic1.png

Microsoft – Clip – Gallery: Logo